ックス

aders

Level

1

船《ふね》

松田《まつだ》 緑《みどり》 ［作《さく》］

NPO多言語多読《たげんごたどく》 ［監修《かんしゅう》］

MIDORI《みどり》 ［挿絵《さしえ》］

大修館書店

「おめでとう！」

「おめでとう！」

今日《きょう》は、良太《りょうた》と京子《きょうこ》の結婚式《けっこんしき》です。

七年前《しちねんまえ》の夏《なつ》、良太《りょうた》は、海《うみ》へ行《い》きました。

そこで絵《え》を描《か》きました。

京子《きょうこ》は、友《とも》だちと海《うみ》へ来《き》ました。

そして、良太《りょうた》の絵《え》を見《み》ました。

「いい絵《え》ですね。とても、きれいですね」

良太《りょうた》は京子《きょうこ》を見《み》ました。

――かわいい人《ひと》！――

それから良太《りょうた》は、毎日《まいにち》、京子《きょうこ》に電話《でんわ》をします。

二人《ふたり》は映画《えいが》を見《み》ます。レストラン《れすとらん》で、ご飯《はん》を食《た》べます。お酒《さけ》も飲《の》みます。とても楽《たの》しいです。

ある日《ひ》、二人《ふたり》は、京子《きょうこ》のお父《とう》さんに言《い》いました。

「私《わたし》たち、結婚《けっこん》したいです」

京子《きょうこ》のお父《とう》さんは言《い》いました。

「だめです。京子《きょうこ》はまだ大学生《だいがくせい》です。あなたもまだ若《わか》い。だれも、あなたの絵《え》を買《か》いません。お金《かね》もありませんね」

それから七年《しちねん》。

みんなが良太《りょうた》の絵《え》を買《か》います。今《いま》、良太《りょうた》は有名《ゆうめい》です。

教会《きょうかい》の前《まえ》に、良太《りょうた》と京子《きょうこ》の
お父《とう》さんとお母《かあ》さんがいます。

友《とも》だちもいます。

「おめでとう！」

「おめでとう！」

「ありがとう、みんな！」

二人《ふたり》は、とてもうれしいです。

次《つぎ》の日《ひ》、とてもいい天気《てんき》でした。二人《ふたり》は船《ふね》に乗《の》りました。

船《ふね》の名前《なまえ》は「さくら丸《まる》」。大《おお》きい船《ふね》です。たくさんの人《ひと》がいます。おじいさんも、おばあさんも、若《わか》い人《ひと》も、子《こ》どももいます。船《ふね》の中《なか》はとても楽《たの》しいです。

夜《よる》です。船《ふね》の上《うえ》にはだれもいません。

良太《りょうた》と京子《きょうこ》だけです。二人《ふたり》は夜《よる》の海《うみ》を見《み》ました。

良太《りょうた》が言《い》いました。

「静《しず》かな海《うみ》だね」

京子《きょうこ》が言《い》いました。

「長《なが》い七年《しちねん》でしたね、良太《りょうた》さん。

でも、これから私《わたし》たち、いつも一緒《いっしょ》ね」

「そうだよ。百歳《ひゃくさい》まで一緒《いっしょ》だよ」

「えっ、百歳《ひゃくさい》？」

二人《ふたり》は笑《わら》いました。

ビュービュー《びゅーびゅー》

「あれ？　強《つよ》い風《かぜ》だね」

ポツン、ポツン《ぽつん、ぽつん》

「あら？　雨《あめ》も…」

ザーザー《ざーざー》

大雨《おおあめ》です。

ビュービュー《びゅーびゅー》**、ザーザー**《ざーざー》

京子《きょうこ》が言《い》いました。

「良太《りょうた》さん、中《なか》へ入《はい》りましょう」

そのときです。

ドカーン《どかーん》、バキバキッ《ばきばきっ》

「きゃあー」

「うわあー、危《あぶ》ないっ！」

良太《りょうた》が目《め》を開《あ》けました。

「あれ？ ここは？」

船《ふね》がありません。良太《りょうた》は冷《つめ》たい海《うみ》の中《なか》です。

「ああ、痛《いた》い！ 足《あし》が痛《いた》い！
あっ、京子《きょうこ》さん、京子《きょうこ》さんは？」

遠《とお》くに、だれかいます。

「あっ、京子《きょうこ》さん、京子《きょうこ》さんの服《ふく》だ！」

良太《りょうた》は、足《あし》がとても痛《いた》かったですが、
京子《きょうこ》のところへ行《い》きました。

「良太《りょうた》さん…」

小《ちい》さい声《こえ》で京子《きょうこ》が言《い》いました。

——ああ、京子《きょうこ》さんは大丈夫《だいじょうぶ》だ！——

二人《ふたり》の体《からだ》は、とても冷《つめ》たいです。良太《りょうた》は
疲《つか》れました。

「寒《さむ》いなあ…」

十分《じゅっぷん》、二十分《にじゅっぷん》…。

雨《あめ》の中《なか》から何《なに》か来《き》ました。船《ふね》です。黒《くろ》い船《ふね》です。

「船《ふね》だ！ 船《ふね》が来《き》ましたよ。京子《きょうこ》さん、もう大丈夫《だいじょうぶ》ですよ！」

黒《くろ》い船《ふね》は、二人《ふたり》の前《まえ》まで来《き》ました。船《ふね》の上《うえ》に男《おとこ》がいます。黒《くろ》い服《ふく》の大《おお》きい男《おとこ》です。

男《おとこ》が良太《りょうた》に言《い》いました。

「良太《りょうた》だね。さあ、早《はや》く！　船《ふね》へ」

良太《りょうた》は、黒《くろ》い船《ふね》の中《なか》を見《み》ました。

たくさんの人《ひと》がいます。

――あ、「さくら丸《まる》」の人《ひと》たちだ――

おじいさんも、おばあさんも、若《わか》い人《ひと》も、子《こ》どももいます。

みんな白《しろ》い顔《かお》です。

良太《りょうた》は、黒《くろ》い服《ふく》の男《おとこ》に言《い》いました。

「この人《ひと》をお願《ねが》いします！

京子《きょうこ》さんをお願《ねが》いします！」

「いいえ、このノート《のーと》に、その女《おんな》の名前《なまえ》はありません。あなたの名前《なまえ》だけです」

「えっ、何《なに》？　名前《なまえ》？　…京子《きょうこ》さんをお願《ねが》いします。次《つぎ》に私《わたし》が乗《の》りますから」

男《おとこ》が、良太《りょうた》の目《め》の前《まえ》に手《て》を出《だ》しました。

「あなただけです。その女《おんな》は、だめです。早《はや》く！　もうすぐ朝《あさ》だ。時間《じかん》がない！」

「いいえ、京子《きょうこ》さんを…」

黒《くろ》い服《ふく》の男《おとこ》は空《そら》を見《み》ました。

「ああっ、大変《たいへん》だ！　もう朝《あさ》だ…」

「お願《ねが》いです。京子《きょうこ》さんを！」

良太《りょうた》は大《おお》きい声《こえ》で言《い》いましたが、黒《くろ》い船《ふね》は雨《あめ》の中《なか》へ…。


「ああ…もう、だめだ…寒《さむ》い。足《あし》が痛《いた》い…」

冷《つめ》たい海《うみ》に、良太《りょうた》と京子《きょうこ》だけがいます。

だれも来《き》ません。静《しず》かです。

ブルブルブルブル《ぶるぶるぶるぶる》…

ヘリコプター《へりこぷたー》です。

一週間後《いっしゅうかんご》。

「良太《りょうた》さん、良太《りょうた》さん！」

良太《りょうた》は目《め》を開《あ》けました。目《め》の前《まえ》に京子《きょうこ》がいます。

「あ、京子《きょうこ》さん」

「あ、良太《りょうた》さん、起《お》きましたね」

「ここは…どこ？」

「ここは、病院《びょういん》ですよ」

「えっ！　病院《びょういん》？　船《ふね》は？　『さくら丸《まる》』の人《ひと》たちは？」

「『さくら丸《まる》』は海《うみ》の中《なか》…。

『さくら丸《まる》』の人《ひと》たちは、だれも…。

私《わたし》たちだけが帰《かえ》りました」

「えっ！　じゃあ、あの黒《くろ》い船《ふね》は？」

[監修者紹介]

NPO 多言語多読（エヌピーオー　たげんごたどく）

2002年に日本語教師有志が「日本語多読研究会」を設立し、日本語学習者のための多読用読みものの作成を開始した。2012年「NPO 多言語多読」と名称を変更し、日本語だけでなく、英語、韓国語など、外国語を身につけたい人や、それを指導する人たちに「多読」を提案し、支援を続けている。http://tadoku.org/

主な監修書：『にほんご多読ブックス』vol. 1 ～ 10（大修館書店）、『レベル別日本語多読ライブラリー にほんご よむよむ文庫』スタート、レベル 0 ～ 4（それぞれ vol. 1 ～ 3）、『日本語教師のための多読授業入門』（ともにアスク出版）、『日本語多読 上下巻』（WEB JAPANESE BOOKS）

＊ この本を朗読した音声は、NPO 多言語多読のウェブサイトからダウンロードできます。https://tadoku.org/japanese/audio-downloads/tjr/#audiodownload-01

〈にほんご多《た》読《どく》ブックス〉 vol. 1-3

船《ふね》

NDC817／18p／21cm

初版第1刷――2016年6月10日
第2刷――2024年5月 1 日

作　者――松《まつ》田《だ》緑《みどり》
監修者――NPO 多《た》言《げん》語《ご》多《た》読《どく》
発行者――鈴木一行
発行所――株式会社 大修館書店
〒113-8541　東京都文京区湯島2-1-1
電話　03-3868-2651（販売部）　03-3868-2290（編集部）
振替　00190-7-40504
[出版情報]　https://www.taishukan.co.jp

イラスト――MIDOЯI
表紙組版――明昌堂
印刷・製本所―壮光舎印刷

ISBN978-4-469-22249-4　　Printed in Japan

朗読音声《ろうどくおんせい》のご案内《あんない》

この本《ほん》を朗読《ろうどく》した音声《おんせい》は、NPO多言語多読《たげんごたどく》のウェブサイト《うぇぶさいと》から
ダウンロード《だうんろーど》できます。

▶ **https://tadoku.org/japanese/audio-downloads/tjr/#audiodownload-01**

〈にほんご多読ブックス〉　レベル/語数/文法のめやす

		JLPT	語数	1話あたりの字数	主な文法事項
0	入門	N5	350	〜400	現在形，過去形，疑問詞，〜たい　など（基本的に「です・ます体」）
1	初級前半		350	400〜1,500	
2	初級後半	N4	500	1,500〜3,000	辞書形，て形，ない形，た形，連体修飾，〜と（条件），〜から（理由），〜なる，〜のだ，など
3	初中級	N3	800	2,500〜6,000	可能形，命令形，受身形，意向形，〜とき，から，たら・ば・なら，〜そう（様態），〜よう（推量・比喩），複合動詞　など
4	中級		1,300	5,000〜15,000	使役形，使役受身形，〜そう（伝聞），〜らしい，〜はず，〜もの，〜ようにする／なる，ことにする／なる　など
5	中上級	N2	2,000	8,000〜25,000	機能語・複合語・慣用表現・敬語など　例）〜につれて，〜わけにはいかない，切り開く／召し上がる，伺う

JLPT

日本語能力試験（JLPT）のレベルについては、「日本語能力試験公式ウェブサイト」の「N1〜N5：認定の目安」（http://www.jlpt.jp/about/levelsummary.html）を参考にしました。

ふりがな（ルビ）のふり方

レベル0〜2…すべての漢字とカタカナ／レベル3，4…すべての漢字／
レベル5…小学校三年生以上で習う漢字